L'ATTAQUE DE PEARL HARBOR

Une offensive contre les États-Unis
aux répercussions mondiales

Par Victoria Domingos Valentim
Sous la direction de Mathieu Roger

50MINUTES.fr

L'ATTAQUE DE PEARL HARBOR

INTRODUCTION

L'attaque surprise de Pearl Harbor par le Japon survenue le 7 décembre 1941 est l'un des événements les plus célèbres de la Seconde Guerre mondiale. Menée par l'amiral Isoroku Yamamoto, l'offensive de la base aéronavale américaine, située dans l'archipel d'Hawaii, provoque l'entrée en guerre des États-Unis aux côtés des Alliés. En mettant à mal la flotte américaine, les Japonais désirent neutraliser la grande puissance afin d'établir la sphère de coprospérité de la Grande Asie orientale et ainsi repousser les Occidentaux en dehors du Pacifique. Cette attaque s'inscrit donc pleinement dans la politique d'expansion impériale du Japon.

Mené en deux vagues aériennes successives, le raid engendre en deux heures de nombreuses pertes humaines et matérielles. Dans le camp américain, le nombre de morts s'élève à 2 403 et on dénombre pas moins de 1 178 blessés. Les dégâts matériels sont également très importants : quatre cuirassés ont été coulés et quatre autres ont été endommagés ; 13 navires ont été engloutis ou détériorés, 188 avions ont été détruits et 155 ont été sévèrement touchés. Dans le camp japonais, les pertes sont plus limitées : 64 hommes ont péri, un marin a été capturé et 29 avions ainsi que cinq sous-marins ont été détruits. Cependant, si l'attaque de Pearl Harbor – qui reste aujourd'hui encore un événement controversé – semble être, à première vue, une réussite totale pour les Japonais, elle est en réalité un échec puisque ceux-ci ont laissé les ateliers de réparation et les réservoirs d'essence intacts, permettant aux États-Unis de se relever.

DONNÉES-CLÉS

- **Quand ?** Le 7 décembre 1941
- **Où ?** À Pearl Harbor (île d'Oahu faisant partie de l'archipel d'Hawaii, situé dans l'océan Pacifique)
- **Contexte ?** La Seconde Guerre mondiale (1939-1945)
- **Belligérants ?** Les États-Unis contre l'empire du Japon
- **Acteurs principaux ?**
  - Walter Campbell Short, général américain (1880-1949)
  - Husband Edward Kimmel, amiral américain (1882-1968)
  - Isoroku Yamamoto, amiral japonais (1884-1943)
  - Mitsuo Fuchida, commandant japonais (1902-1976)
- **Issue ?** Victoire japonaise
- **Victimes ?**
  - Camp américain : environ 2 403 morts et/ou disparus et 1 178 blessés
  - Camp japonais : environ 64 morts et un prisonnier

CONTEXTE POLITIQUE ET SOCIAL

LES PRÉMICES DE LA SECONDE GUERRE MONDIALE

La Seconde Guerre mondiale est l'un des conflits les plus connus et les plus meurtriers de l'histoire. Elle oppose deux camps : les Alliés et l'Axe.

BON À SAVOIR

L'Axe ou l'Axe Rome-Berlin-Tokyo est une alliance créée en septembre 1940 à la suite de la signature du pacte tripartite entre l'Allemagne, l'Italie et le Japon. Cet accord visait à créer un nouvel ordre en Europe par l'intervention de l'Allemagne et de l'Italie, et en Extrême-Orient grâce au Japon. Outre ces trois pays, la Hongrie et la Bulgarie ont également participé à l'alliance. Toutefois, les forces de l'Axe ne se sont jamais réunies pour mener des opérations communes.

Les Alliés forment l'ensemble des nations qui se sont opposées aux forces de l'Axe pendant la Seconde Guerre mondiale. Parmi celles-ci, on peut citer la Pologne, le Royaume-Uni, la France, la Belgique, le Luxembourg, les États-Unis, la République de Chine, etc.

Au lendemain de la Première Guerre mondiale (1914-1918), les pays sortis vainqueurs signent le traité de Versailles (1919) qui vise à rétablir la paix et à définir les sanctions prises à l'encontre de l'Allemagne, jugée responsable du conflit. Le territoire allemand est alors remanié et plus de 10 % de ses terres sont partagées. Des mesures sont également prises pour affaiblir son armée en lui confisquant de nombreux avions, des canons, etc., et en abolissant le service militaire obligatoire. L'économie du pays est elle aussi sévèrement touchée puisque l'Allemagne se voit contrainte de payer une partie des réparations des dégâts subis par la France et la Belgique.

Ces sanctions provoquent très vite le mécontentement des chefs d'État opposés aux Alliés lors du conflit. Décidée à réagir, l'Allemagne adopte des mesures protectionnistes et entreprend une politique expansionniste basée sur le principe de l'espace vital, conquérant ainsi des terres jugées nécessaires à la survie du peuple allemand. La Pologne, sa voisine, est la première à être touchée : le 1er septembre 1939, elle est envahie par l'Allemagne. Cet événement est à la source de la Seconde Guerre mondiale qui se jouera sur trois théâtres d'opérations :

- le théâtre européen (la Pologne, le Royaume-Uni, la Finlande, le Danemark, la Norvège, la France, la Belgique, les Pays-Bas, le Luxembourg, la Grèce, l'Italie, l'Allemagne et l'URSS) ;
- le théâtre africain et le Moyen-Orient (l'Afrique du Nord, l'Irak, la Syrie, le Liban et l'Iran) ;
- le théâtre asiatique (la Chine, le Japon, l'Asie du Sud-Est, l'Indochine, les îles du Pacifique, ainsi que des îles proches du Japon telles qu'Iwo Jima et Okinawa).

L'EXPANSIONNISME JAPONAIS

Dès le XIXe siècle, pendant l'ère de Meiji (1867-1912, du nom de l'empereur japonais Meiji Tenno), l'empire du Japon s'engage dans une phase d'expansion territoriale, économique, politique et militaire en Asie orientale. C'est dans ce contexte que l'île de Formose (Taïwan, 1895), ainsi que le sud de l'île de Sakhaline (île montagneuse de Russie, 1905) et la Corée (1910) sont annexés.

Au cours de la Première Guerre mondiale, le Japon s'empare des territoires allemands situés en Extrême-Orient, au détriment des Européens et des Américains, eux aussi présents dans la région. Mais, à partir des années vingt, la croissance économique nipponne est ralentie par le manque de matières premières et de débouchés. Dix ans plus tard, la crise économique pousse les nationalistes et militaires japonais au pouvoir. Toutefois, l'Empire du Soleil levant continue ses conquêtes : en 1931, l'armée impériale envahit la Mandchourie, et en 1937, la Chine depuis Shanghai, le Japon étant poussé par le désir d'établir une sphère de coprospérité en Asie du Sud-Est afin de rendre autosuffisants les pays asiatiques et de les éloigner de toute intervention occidentale.

Face à cette expansion territoriale qui menace les intérêts américains, les États-Unis interviennent et signent le traité naval de Washington (1922), qui vise à réduire les armements maritimes des signataires (le Royaume-Uni, la France, l'Italie, les États-Unis et le Japon). Quelques années plus tard, le pacte est modifié par le traité naval de Londres (1930) qui limite plus encore le développement des bâtiments de guerre. Mais ces nouvelles restrictions sont jugées excessives par Tokyo qui décide ne plus s'y tenir.

Malgré les tensions palpables entre les États-Unis et le Japon entre 1935 et 1937 – date à laquelle les Japonais font couler le navire de guerre américain, l'*USS Panay*, alors situé en république de Chine – les Américains ne réagissent pas et choisissent de ne pas intervenir dans ce qui deviendra les prémices d'un nouveau conflit mondial. Des lois sur la neutralité sont alors promulguées afin de ne plus prendre position dans les conflits étrangers, tirant ainsi leçon des nombreuses pertes survenues au cours de la Première Guerre mondiale. Pourtant, en 1937, dans son *Discours de la quarantaine*, le président des États-Unis Franklin Delano Roosevelt (1882-1945) s'insurge contre les systèmes dictatoriaux et condamne la dictature japonaise.

La situation entre les deux nations ne fait alors qu'empirer et le 26 juillet 1941 marque l'apogée de la mésentente entre les deux puissances. Quelques jours plus tôt a en effet eu lieu une conférence impériale japonaise réunissant l'empereur, les membres du gouvernement et les chefs militaires afin d'établir la coprospérité du Grand Est asiatique. Il a notamment été décidé que, si cet espace n'était pas reconnu et respecté par les États-Unis, les Japonais n'hésiteraient pas à répondre par la force. Par ailleurs, tous les bateaux de commerce encore présents dans l'Atlantique ont reçu l'ordre de rentrer au Japon. Dès lors, les États-Unis, les Pays-Bas et le Royaume-Uni décrètent un embargo complet sur le pétrole et l'acier, ainsi que le gel des avoirs japonais sur le sol américain. En riposte, ceux-ci décident, le 6 septembre 1941, de déclarer la guerre contre les États-Unis et le Royaume-Uni. Au mois de novembre, les négociations entre les deux États n'aboutissent à rien : alors que les Japonais exigent des Américains qu'ils mettent un terme au soutien qu'ils portent à la Chine, le secrétaire d'État américain, Cordel Hul (1871-1955), réclame quant à lui le retrait des troupes japonaises du pays. La situation devient rapidement critique et les Japonais décident de passer à l'action.

Le 3 novembre, l'amiral Nagano Osami (1880-1947) détaille le plan d'attaque contre Pearl Harbor préparé par Isoroku Yamamoto, plan qui est approuvé par l'empereur Hirohito (1901-1989) quelques jours plus tard. Suite aux vaines négociations, le quartier général impérial japonais met en application le plan d'attaque de la flotte américaine et ordonne à l'amiral Isoroku Yamamoto d'entamer la mission contre Pearl Harbor.

LES ÉTATS-UNIS ET LA SECONDE GUERRE MONDIALE

Durant la Seconde Guerre mondiale, les Américains aident activement la Grande-Bretagne ainsi que l'Union soviétique, la Chine et la France libre. Dans un premier temps, leur implication dans le conflit est limitée. Ils fournissent essentiellement du matériel de guerre (avions, chars, armes, etc.), de la nourriture et une aide financière – ainsi, entre 1941 et 1945, ce sont plus de 50 milliards de dollars qui sont prêtés aux forces alliées, conformément au programme *Lend-Lease* (c'est-à-dire « prêt-bail ») voté le 11 mars 1941.

Alors qu'ils s'attendent à une réaction de la part de l'Allemagne pour l'aide fournie aux Alliés, le 7 décembre 1941, les États-Unis sont attaqués par le Japon, à des milliers de kilomètres du théâtre des opérations. À compter de ce jour, l'entrée en guerre des États-Unis aux côtés des Alliés est officielle.

ACTEURS PRINCIPAUX

HUSBAND EDWARD KIMMEL, AMIRAL AMÉRICAIN

Né en 1882, Husband Edward Kimmel est commandant en chef de la flotte américaine du Pacifique lors de l'attaque de Pearl Harbor en 1941. Après l'offensive, il est accusé de négligence et est considéré comme responsable de la perte de la base navale. On lui reproche en effet de ne pas avoir pris au sérieux les informations et les avertissements qui ont précédé l'attaque. Dès lors, il est rétrogradé au rang de contre-amiral (c'est-à-dire général de brigade) alors qu'il planifie l'exécution des représailles contre le Japon. Subissant de trop nombreuses accusations, il décide de prendre une retraite anticipée en 1942 et n'aura de cesse par la suite de se défendre. En 1955, il publie d'ailleurs un livre, *Admiral Kimmel's Story*, dans lequel il décrit l'attaque de Pearl Harbor et repousse les critiques émises à son encontre. Il décède le 14 mai 1968 dans le Connecticut.

WALTER CAMPBELL SHORT, GÉNÉRAL AMÉRICAIN

Né en 1880, Walter Campbell Short entre dans l'armée américaine en mars 1902. Son ascension est rapide et couronnée de succès. En 1941, il est nommé lieutenant général de l'armée américaine et commandant responsable de la défense de la base de Pearl Harbor. Au cours de sa mission, convaincu que le danger le plus immédiat encouru par la flotte américaine est un sabotage, il décide de rassembler tous les avions et de les placer à des endroits faciles à surveiller. Malheureusement cette décision sera lourde de conséquences puisqu'elle facilitera la destruction des avions américains par les Japonais. Par ailleurs, Walter Campbell Short sous-estime l'efficacité des radars et ne prévoit une équipe de surveillance qu'entre 4 et 7 heures du matin.

Au vu de toutes ces erreurs, Walter Campbell Short apparaît comme une cible évidente de blâme pour l'armée américaine au lendemain de l'attaque. En 1942, il est destitué de son poste de commandant, pour être rétrogradé au rang de major général, ce qui précipite son départ de l'armée le 28 février 1942. Il décède le 9 mars 1949, à l'âge de 68 ans. Quelques années plus tard, le Sénat américain décide de le réhabiliter et le nomme à nouveau amiral.

ISOROKU YAMAMOTO, AMIRAL JAPONAIS

Isoroku Yamamoto est né en 1884. Il est l'une des figures japonaises les plus emblématiques de la Seconde Guerre mondiale. À la mi-août 1939, il est promu commandant en chef des forces navales japonaises. Contrairement à ce qui est généralement avancé, il semblerait qu'Isoroku Yamamoto ait été favorable à cette guerre. Dès lors, lorsqu'il reçoit de l'empereur Hirohito l'ordre d'attaquer les Américains, il fait de l'attaque de Pearl Harbor son principal objectif. Après l'offensive, il participe à la bataille de Midway (5-7 juin 1942) où il est défait. Isoroku Yamamoto décède en 1943 lors d'une mission de reconnaissance à bord d'un avion.

MITSUO FUCHIDA, COMMANDANT JAPONAIS

Né en 1902, Mitsuo Fuchida entre à l'Académie navale en 1921. Il est rapidement promu au grade de lieutenant-commandant et est accepté à l'état-major. En 1939, il devient commandant de vol à bord du porte-avions *Akagi* utilisé lors de l'attaque de Pearl Harbor et coordonne les préparatifs de l'offensive. Le 7 décembre 1941, il prend la tête de la première vague d'avions.

Le 19 février 1942, il commande le bombardement de Darwin (nord de l'Australie). Après la
guerre, Mitsuo Fuchida devient ministre du Culte
et se convertit au christianisme après avoir été
confronté à plusieurs témoignages de prison-
niers de guerre qui évoquaient Dieu et la foi. Il
décède en 1976.

BON À SAVOIR

Le bombardement de Darwin a lieu le
19 février 1942. Souvent comparé à l'attaque
de Pearl Harbor pour ses similitudes, ce
raid aérien est la première attaque menée
contre l'Australie, qui n'a subi que peu de
dégâts durant la Seconde Guerre mondiale.
Les deux vagues d'attaques furent un succès
pour les Japonais sur le plan matériel, mais
aussi psychologique, les habitants ayant été
fortement choqués.

ANALYSE DE L'ATTAQUE

Construite entre 1906 et 1908, la base navale de Pearl Harbor se situe dans l'archipel d'Hawaii qui se trouve sur la route des Philippines sous protectorat américain, ainsi que sur la route des Indes néerlandaises, de la Malaisie et de l'Océanie. Cette base occupe donc une position très stratégique et abrite six à huit cuirassés, trois porte-avions, ainsi que des croiseurs, des destroyers, des sous-marins, des mouilleurs de mines et des navires auxiliaires.

Bon à savoir

- Les cuirassés sont des navires de haute mer qui possèdent un important matériel de guerre.
- Les croiseurs sont des navires de guerre armés utilisés notamment dans la lutte antiaérienne.
- Les destroyers sont des bâtiments de guerre rapides utilisés dans les missions d'escorte.

- Les mouilleurs de mines sont des navires de guerre spécialisés dans le minage en mer.

Pour entretenir la flotte, sont également prévus des réservoirs de pétrole, des cales sèches et des ateliers de réparation. En tout, ce sont plus de 25 000 hommes qui sont présents sur la base. Afin de prévenir toute attaque, de nombreux avions y sont entreposés. Grâce à tous ces moyens, Pearl Harbor semble imprenable. C'est en tout cas ce qu'en dit le général Walter Campbell Short, commandant des forces terrestres de l'île, quelques heures avant le début de l'attaque : « Ici, à Hawaii, nous vivions tous dans une citadelle ou dans une île puissamment fortifiée. » (KASPI (André), *Franklin Roosevelt*, Fayard, Paris, 1997, p. 425)

LES PRÉPARATIFS

L'attaque de Pearl Harbor est élaborée au début de l'année 1941 par l'amiral Isoroku Yamamoto. Afin d'établir le plan d'attaque, celui-ci s'est notamment inspiré du raid effectué par l'amiral Heihachirō Tōgō (1848-1934) contre la flotte russe de Port-Arthur (ancien nom de la ville chinoise de Lüshun, située dans la Chine du Nord-Est) de 1904.

À la fin du mois d'août, Isoroku Yamamoto expose son plan d'attaque à quelques officiers généraux, parmi lesquels l'amiral Osami Nagano. Le projet fait ensuite l'objet d'une étude à l'École de guerre navale dont il ressort de nombreuses objections concernant notamment les conditions météorologiques défavorables. En effet, alors que l'attaque est prévue pour le mois de décembre, de fortes tempêtes sont annoncées pour cette période de l'année. De plus, certains spécialistes avancent également l'idée qu'il serait plus prudent de lancer l'offensive moins loin des côtes japonaises. Cependant, malgré les avertissements, Isoroku Yamamoto reste persuadé qu'il faut anéantir la flotte américaine de Pearl Harbor, et ce pour deux raisons :

- premièrement, c'est là que la majorité de la flotte de guerre américaine du Pacifique Sud est stationnée ;
- deuxièmement, Isoroku Yamamoto juge qu'elle représente le plus grand obstacle pour les Japonais dans leur entreprise expansionniste.

Son plan d'attaque est finalement approuvé de manière officielle le 3 novembre 1941 par l'amiral Chuici Nagumo (1887-1944). Le 7 novembre, ce dernier est nommé commandant de la flotte d'attaque de Pearl Harbor et, le 2 décembre, le Conseil impérial décide de déclarer la guerre aux États-Unis.

LES OBJECTIFS ET LA STRATÉGIE DE L'ATTAQUE

Le plan d'Isoroku Yamamoto a un objectif à la fois défensif et offensif. Le premier est d'assurer un ravitaillement en pétrole nécessaire pour mener la guerre contre la Chine, ce que la présence des États-Unis ne permet pas en l'état actuel des choses. Le second est d'affaiblir les États-Unis et de les obliger à accepter les conquêtes du Japon et l'établissement de la sphère de coprospérité en Asie orientale.

Singapour et à l'est jusqu'à Guam, Wake et Midway.

Afin de mener à bien son plan, Isoroku Yamamoto prévoit d'attaquer la base navale américaine par surprise. Pour ce faire, il décide de mener l'offensive un dimanche, alors que la flotte se trouve à Pearl Harbor pour le week-end et que les équipages ne sont pas au complet. De plus, l'attaque est prévue le matin pour éviter les inconvénients des bombardements et de la navigation nocturnes.

Le 6 décembre 1941, le ministère des Affaires étrangères japonais charge l'ambassadeur Kichisaburō Nomura (1877-1964) de faire parvenir un message codé au secrétaire d'État américain qui devrait parvenir à Washington le 7 décembre à 13 heures (soit à 7 h 30 à Hawaii). Celui-ci contient une déclaration de guerre, mais les autorités américaines ne parviennent pas à tout décoder. Toutefois, le général George Catlett Marshall (1880-1959), inquiet de la teneur du mystérieux message, décide d'alerter les bases américaines situées aux Philippines, à Panama, à San Diego, et à Pearl Harbor. Mais en raison de défaillances techniques, l'avertissement arrive trop tard : les bombardements ont déjà commencé.

L'ATTAQUE

Les Japonais ont rassemblé des moyens considérables pour anéantir la flotte américaine : deux cuirassés, deux croiseurs lourds, 11 croiseurs légers, 11 destroyers, trois sous-marins, huit navires ravitailleurs, et six porte-avions.

De plus, deux types d'attaques sont prévus afin de maximiser les chances de réussite : « l'attaque surprise » et « la surprise perdue ». Dans le premier cas, l'offensive se déroule en phases successives : les avions torpilleurs (bombardiers utilisés dans l'attaque de navires ou de sous-marins) attaquent en premier, suivis par les bombardiers, les chasseurs assurant leur protection. En cas de « surprise perdue », c'est l'ensemble des forces japonaises qui doit passer à l'attaque au même moment : il s'agira alors d'attaquer les aérodromes, les équipements ainsi que les avions torpilleurs. Afin d'informer les pilotes de la tactique à adopter, il a été convenu qu'un coup de fusée serait tiré pour l'attaque surprise et deux pour la seconde option. Mais au moment de lancer l'offensive et alors que Mitsuo Fuchida opte pour l'attaque surprise, il remarque que certains pilotes n'ont pas vu son premier signal et tire donc une deuxième fois. Par conséquent, une partie des pilotes pensent qu'il a opté pour le deuxième type d'attaque : toute la flotte japonaise attaque alors simultanément la flotte américaine.

La première vague

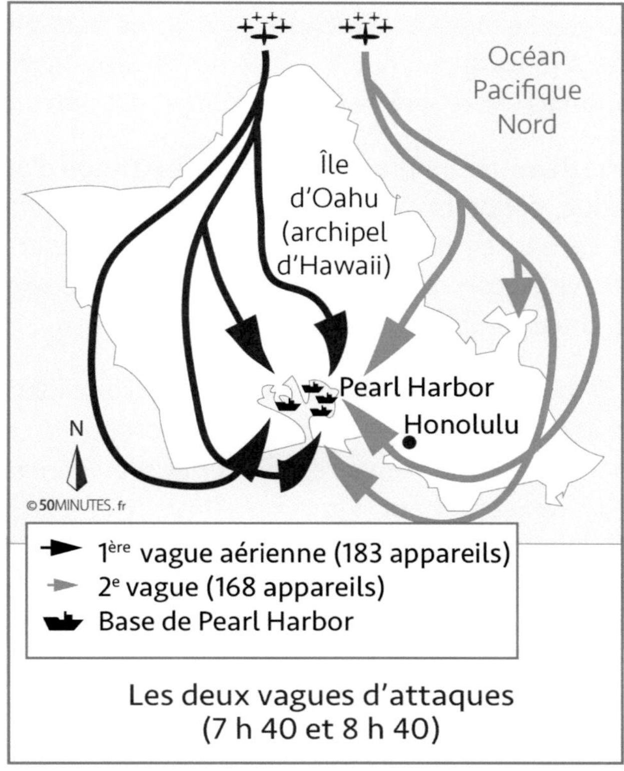

Les deux vagues d'attaques
(7 h 40 et 8 h 40)

À 3 h 42, un premier sous-marin japonais est envoyé en reconnaissance à Pearl Harbor. Le dragueur de mines américain, l'*USS Condor*, l'aperçoit et avertit quelques minutes plus tard le contre-torpilleur américain, l'*USS Ward*. Ce dernier se lance à sa recherche, mais ne parvient pas à le localiser. À 6 h 37, un autre sous-marin japonais est repéré par l'*USS Ward* et est détruit.

Une demi-heure plus tôt, la première vague d'attaque, conduite par le capitaine Mitsuo Fuchida et composée de 183 appareils (49 bombardiers, 40 avions torpilleurs, 51 bombardiers en piqué et 43 chasseurs) s'est envolée.

À 7 h 02, deux soldats américains surveillent la station radar du nord d'Oahu lorsqu'ils remarquent la présence d'avions. Ils préviennent alors le lieutenant Kermit Arthur Tyler (1913-2010), mais ce dernier est convaincu qu'il s'agit de bombardiers B-17 attendus et décide de ne pas donner suite à l'alerte. À 7 h 58, alors que les soldats américains ne s'attendent pas à être attaqués, les premières bombes japonaises sont larguées. Convaincu que l'attaque surprise est une réussite, cinq minutes après avoir donné l'ordre d'attaquer, Mitsuo Fuchida signale aux porte-avions : « Tora... Tora... Tora », c'est-à-dire « Tigre... Tigre... Tigre... », qui est le code convenu destiné à Chuici Nagumo signifiant que l'effet de surprise a réussi. L'attaque se révèle en effet dévastatrice. Pris de court, les soldats américains ne savent pas encore qui sont les assaillants. Toutefois, le militaire Don Stratton (né en 1922), effectif sur l'*USS Arizona*, explique : « Quand on a vu le soleil rouge sur le fuselage, on a compris que c'était des Japonais. » (« Pearl Harbor », témoignage de Don Stratton, in *La minute de vérité*, série documentaire diffusée le 7 décembre 2011)

À 8 h 02, la riposte américaine commence, mais les soldats se trouvent rapidement à court de munitions. De plus, les avions japonais volent à trop haute altitude pour que l'armement américain puisse les atteindre. À 8 h 10, c'est au tour de l'*USS Arizona*, devenu aujourd'hui symbole de l'attaque, de subir les assauts de dix bombardiers japonais. Les quelque 450 tonnes de munitions à bord aidant, des explosions en chaîne réduisent à néant le navire. La majorité des hommes présents y trouve la mort.

LE SAVIEZ-VOUS ?

Près de la moitié des pertes humaines américaines enregistrées le 7 décembre 1941 périrent dans l'explosion de l'*USS Arizona*. Seuls 333 marins survécurent à l'explosion du cuirassé. Encore aujourd'hui, le carburant contenu dans les réservoirs de l'épave s'échappe de manière ininterrompue, symbolisant pour de nombreux survivants les larmes des marins morts au cours de la catastrophe.

Au même moment, la base militaire américaine de Hickham, située au sud de Pearl Harbor, est attaquée par des bombardiers japonais. À 8 h 30, la première vague d'attaque s'arrête. Les Américains profitent alors de l'accalmie pour faire décoller quelques avions de chasse et pour se préparer à une seconde attaque.

La deuxième vague

Une heure plus tard, la deuxième vague d'avions, menée par le lieutenant-commandant Shigekazu Shimazaki (1908-1945), décolle. Elle est composée de 54 bombardiers de haute altitude, de 78 bombardiers et de 36 chasseurs. Ce sont donc 168 appareils qui sont envoyés vers Pearl Harbor. Cette seconde attaque s'achève à 9 h 45.

Lorsque l'attaque débute à Pearl Harbor, les hommes qui se trouvent à bord des navires sont encore endormis. Ce n'est qu'à 7 h 58, soit au début des bombardements, que le commandant Logan Ramsey (1921-2000) donne l'alerte. Alors que les soldats américains tentent de riposter, l'aviation est envoyée pour effectuer des recherches au sud et au nord de Pearl Harbor. Même si la situation se révèle catastrophique, les soldats américains n'abandonnent pas et certains font même preuve d'héroïsme. Parmi les militaires qui ont marqué la défense de la flotte, citons Doris Miller (1919-1943), cuisinier à bord de l'*USS West Virginia*, qui défend son navire en tirant sur les avions japonais à l'aide d'une mitrailleuse de lutte antiaérienne. Cet acte de bravoure lui a valu d'être décoré de la *Navy Cross* (la Croix maritime) au sortir de la guerre.

Une victoire relative

Le bilan humain de l'attaque de Pearl Harbor est accablant. Dans le camp américain, on dénombre 2 403 morts et disparus et à 1 178 blessés. Les pertes matérielles sont tout autant catastrophiques : au total, ce sont près de 188 avions qui ont été détruits et 63 qui ont été endommagés. Cependant, après l'attaque, la base de Pearl Harbor reste opérationnelle et 80 % des navires sont réparés.

Du côté japonais, les pertes humaines et matérielles sont limitées : 64 soldats ont trouvé la mort et un homme a été capturé ; 29 avions ont été abattus et cinq sous-marins ont été coulés.

Alors que pour les Japonais l'attaque de Pearl Harbor apparaît comme une victoire totale, il s'avère, en réalité, qu'elle est un échec. Grâce à la découverte d'archives militaires restées longtemps secrètes, les erreurs stratégiques commises par les assaillants ont pu être mises en avant par des chercheurs. L'historien Tosh Minohara, qui a participé aux recherches, a ainsi identifié quatre bévues commises par les Japonais :

- la première erreur des Japonais est de s'être retirés trop rapidement. En effet, à 15 heures, persuadé que la flotte américaine était anéantie, Chuichi Nagumo ordonne le repli de ses troupes et tient à rentrer en héros au Japon. Il veut ainsi éviter la destruction de sa flotte au cours d'un second raid et limiter le nombre de disparus ;

- la seconde est d'avoir lancé l'assaut alors que les porte-avions américains n'étaient pas à Pearl Harbor. Cela peut toutefois s'expliquer par le fait que les Japonais ne connaissaient pas la position réelle des porte-avions américains au moment des préparatifs. Ce n'est que 6 heures avant le début du raid qu'ils apprennent que ceux-ci ne sont pas au port : en effet, deux appareils ont été réquisionnés pour assurer le transport d'avions et le troisième est en réparation. Tandis qu'Isoroku Yamamoto estime qu'il faut annuler l'offensive, considérant que les porte-avions sont la cible principale, Chuici Nagumo affirme quant à lui que l'attaque des cuirassés suffit et prend la décision d'attaquer Pearl Harbor ;

- la troisième erreur est de ne pas avoir attaqué les points non protégés par les Américains, tels que le bassin de Radou, un chantier naval, ainsi que les sous-marins et l'installation de stockage de carburant. Or la décision de ne pas attaquer les stocks de carburant a été prise par Isoroku Yamamoto dès la mise sur pied du plan d'attaque, l'amiral jugeant qu'une fois bombardées ces réserves de pétrole produiraient de la fumée en abondance, réduisant la visibilité des aviateurs japonais ;

- la quatrième erreur est d'avoir attaqué Pearl Harbor sans véritable déclaration de guerre. Si le message codé a bien été envoyé, il a été reçu trop tard et n'a pas pu être décodé et retranscrit à temps. Lorsque les services de renseignements américains interceptent le message en provenance de Tokyo, ils se doutent qu'une intervention se prépare, mais le décodage et la retranscription prennent trop de temps. Lorsque l'alerte est enfin donnée aux différentes bases du Pacifique, il est trop tard : l'attaque de Pearl Harbor a déjà commencé.

RÉPERCUSSIONS DE L'ATTAQUE

EN ROUTE VERS LA MONDIALISATION DU CONFLIT

L'attaque de Pearl Harbor est l'événement déclencheur de la participation des États-Unis à la Seconde Guerre mondiale aux côtés des Alliés. Au lendemain de l'attaque, le président des États-Unis, Franklin Delano Roosevelt déclare : « Hier, 7 décembre 1941, une date qui restera dans l'Histoire comme un jour d'infamie. [...] J'ai demandé à ce que le Congrès déclare depuis l'attaque perpétrée par le Japon [...], l'état de guerre contre le Japon. » (Costello (John), *La Guerre du Pacifique*, Paris, Gérard Watelet/Pygmalion, 1981, p. 195)

Le 22 décembre 1941, lors de la conférence Arcadia tenue à Washington, Winston Leonard Spencer Churchill (homme d'État britannique, 1874-1965) et Franklin Delano Roosevelt unissent leurs forces contre l'Allemagne nazie. S'ensuivent d'autres décisions importantes dans l'histoire :

- le 1ᵉʳ janvier 1942, la Déclaration des Nations unies est signée par les États-Unis, la Grande-Bretagne, la Chine et l'Union Soviétique. Par celle-ci, les signataires s'engagent à participer à la guerre, à ne pas céder avant la victoire et à ne pas signer de paix séparée pour défendre la liberté, les droits de l'homme et la justice ;
- à partir du 6 janvier 1942, les États-Unis convertissent leur économie afin de répondre aux besoins de guerre, notamment avec l'annonce du « programme de la Victoire » que le président confie au secrétaire de Guerre, Henry Levis Stimson (1867-1950). Celui-ci prévoit de mettre l'économie américaine au service des Alliés, en produisant notamment du matériel de guerre en grande quantité et en mobilisant de nombreux moyens humains.

Avec l'entrée en guerre des États-Unis, le conflit devient désormais mondial.

Bon à savoir

L'attaque japonaise menée sur Pearl Harbor eut de terribles répercussions sur la vie des Japonais résidant aux États-Unis et sur les citoyens américains d'origine japonaise. Plus de 100 000 personnes firent la douloureuse expérience des *War Relocation Centers* construits dans les États de Washington, d'Oregon et de Californie sur décision de Franklin Delano Roosevelt afin d'exclure ces personnes. Ce n'est qu'en 1988 que le président américain Ronald Wilson Reagan (1911-2004) reconnaît l'injustice et les torts subis et décide d'indemniser les survivants des camps.

LA RÉACTION DE L'AXE ET DU JAPON

Suite à l'attaque de Pearl Harbor, Adolf Hitler (1889-1945) juge l'entrée en guerre contre les États-Unis inévitable. Le 11 décembre 1941, soit quatre jours après l'offensive japonaise, l'Italie et l'Allemagne nazie, alliées du Japon, déclarent la guerre à la superpuissance et attaquent diverses colonies et bases militaires britanniques et américaines situées en Asie et dans le Pacifique.

De son côté, le Japon considère que la réaction des États-Unis est trop vive, estimant que l'attaque de Pearl Harbor était légitime et qu'il s'agissait de la conséquence des multiples attaques et menaces américaines. Ce sentiment de légitimité demeure longtemps dans l'esprit des Japonais puisqu'en 1991, le ministre des Affaires étrangères nippon rappelle que le Japon avait envoyé un message aux États-Unis, et ce 25 minutes avant le début de l'attaque sur Pearl Harbor.

LA CONTROVERSE : ROOSEVELT EST-IL COUPABLE ?

L'attaque de Pearl Harbor a suscité de nombreuses controverses au sein de l'opinion publique et des autorités de l'armée et de l'État. Dès le lendemain du raid, des enquêtes sont ouvertes afin d'établir les responsabilités et les négligences de chacun. C'est ainsi qu'entre décembre 1941 et juillet 1946, sept commissions administratives et une commission spéciale ont été mises sur pied. La première enquête (1942), dirigée par Owen Roberts (membre de la Cour suprême des États-Unis, 1875-1955), accuse Walter Campbell Short et Husband Edward Kimmel de manquement au devoir dans la défense de la base navale.

Ceux-ci ne sont pas les seuls à être accusés de négligence. En effet, le rôle qu'a joué le président Franklin Delano Roosevelt au cours de l'attaque de Pearl Harbor a souvent été remis en question. Selon certains, il aurait été coupable de complicité et de duplicité. Cette interprétation dite « révisionniste » apparaît après la guerre et est essentiellement répandue par les ennemis du président et par les opposants à la politique étrangère qu'il a menée à l'époque. Parmi ceux-ci, le contre-amiral Robert Theobald (1884-1957) explique que selon lui, « le président Roosevelt [a] contrai[nt] le Japon à faire la guerre en exerçant en permanence sur lui une pression diplomatique et économique, et l'[a] incit[é] à ouvrir les hostilités par une attaque surprise en maintenant la flotte du Pacifique dans les eaux hawaïennes comme appât. » (THEOBALD (Robert), *Le Secret de Pearl Harbor*, Paris, Payot, 1955, p. 151.) L'historien américain John Toland (1912-2004), dans un ouvrage publié en 1982, soutient lui aussi la thèse selon laquelle la série d'erreurs commises le jour de l'attaque de Pearl Harbor est trop incroyable pour ne pas relever du complot.

Cependant, si tous les révisionnistes s'accordent à dire que Franklin Delano Roosevelt est mêlé à l'attaque de Pearl Harbor, tous ne sont pas aussi radicaux. En effet, si les historiens Charles Callan Tansill (1890-1964) et Charles Austin Beard (1874-1948) lui reprochent d'avoir entraîné son pays dans la guerre à cause de sa politique étrangère, ils réfutent le fait que le président a intentionnellement provoqué l'offensive des Japonais à Pearl Harbor.

Dès lors, il semble nécessaire de relativiser les théories accusant Franklin Delano Roosevelt de complicité pour plusieurs raisons :

- il apparaît tout d'abord que les messages en provenance du Japon se sont souvent révélés mystérieux et difficiles à déchiffrer ;
- ensuite, si le président a volontairement dissimulé ce qu'il savait des intentions japonaises, de nombreuses personnes auraient été liées au complot, telles que ses subordonnés, ainsi que tous ceux qui ont vu le télégramme. Par conséquent, il est tout à fait plausible d'imaginer que le secret aurait été révélé ;
- enfin, à ce jour, aucun document, ni aucun élément ne permettent de soutenir la thèse selon laquelle le président Franklin Delano Roosevelt aurait souhaité l'attaque de la flotte américaine à Pearl Harbor.

Quoi qu'il en soit, l'attaque de la base navale demeure un des événements les plus importants de l'histoire des États-Unis. 71 ans après les faits, le raid japonais contre la flotte américaine suscite toujours les passions et fait encore aujourd'hui l'objet de nombreuses études.

EN RÉSUMÉ

1941

26 juill. : Embargo sur le pétrole
et l'acier et gel des avoirs
japonais sur le sol américain

6 sept. : Décision du Japon d'entrer
en guerre à moins qu'un
accord ne soit trouvé

3 nov. : Approbation du plan
d'attaque de Pearl Harbor

7 déc. : Attaque surprise sur
Pearl Harbor

8 déc. : Entrée en guerre des
États-Unis

10 déc. : Le Japon déclare la guerre
au Royaume-Uni

- Depuis les années trente, le Japon et les États-Unis sont en concurrence afin d'obtenir la mainmise sur les territoires du Pacifique et sur son commerce. Les discussions entre les deux grandes puissances s'enveniment rapidement et face à l'impasse, en septembre 1941, le Japon décide d'entrer en guerre contre son adversaire.

- Le 7 décembre, le Japon lance son offensive contre la base aéronavale américaine de Pearl Harbor.
- Commandée par Isoroku Yamamoto, l'attaque se déroule en deux phases successives. En deux heures, la flotte navale américaine est détruite et de nombreux avions sont touchés.
- Le bilan est lourd surtout pour les Américains qui déplorent la mort de plus de 2 000 hommes et un millier de blessés
- Bien que l'attaque se solde par un succès japonais, leur victoire n'est pas totale. En effet, les ateliers de réparation et les réserves de carburant américaines n'ont pas été touchés par les bombes et les tirs japonais, ce qui a permis à ceux-ci de se relever.
- Par ailleurs, l'attaque se révèle lourde de conséquences puisqu'elle signe l'entrée en guerre officielle des États-Unis : désormais, le conflit se mondialise.
- Au lendemain de l'attaque, on cherche à établir les responsabilités lors du raid. L'amiral

Husband Edward Kimmel et le général Walter Campbell Short, responsables de la base de Pearl Harbor lors de l'attaque, sont rapidement accusés de négligence et sont démis de leurs fonctions.

*Votre avis nous intéresse !
Laissez un commentaire sur le site de votre
librairie en ligne et partagez vos coups de cœur sur
les réseaux sociaux !*

POUR ALLER PLUS LOIN

SOURCES BIBLIOGRAPHIQUES

- Arroyo (Ernest), *Pearl Harbor*, New York, MetroBooks, 2003.

- Costello (John), *La Guerre du Pacifique*, Paris, Gérard Watelet/Pygmalion, 1981.

- Delmas (Claude), *Pearl Harbor. La guerre devient mondiale*, Paris, Éditions Complexe, 2001.

- Garrity (John A.), *Dictionnaire biographique américain*, New York, Charles Scribners' sons, 1974.

- Hixson (Walter), *The American Experience in World War II*, vol. 4, New York, Routledge, 2003.

- Hugues (A. Thomas), « Yamamato Isoroku », in *Encyclopedia Britannica*, http://www.britannica.com/EBchecked/topic/651516/Yamamoto-Isoroku, consulté le 14 janvier 2014.

- Kaspi (André), « Pearl Harbor, une provocation américaine ? », in *L'Histoire*, n°101, juin 1987, p. 36-44.

- Kaspi (André), *Franklin Roosevelt*, Paris, Fayard, 1997.

- Kimmel (Husband Edward), *Admiral Kimmel's Story*, Chicago, Henry Regnery Compagny, 1955.

- LORD (Walter), *Pearl Harbor*, Paris, Robert Laffont, 1957.

- MICHEL (Henri), *La Seconde Guerre mondiale*, Paris, Omnibus, 2001.

- MOURRE (Michel), « Pearl Harbor », in *Dictionnaire encyclopédique d'histoire*, Paris, Bordas, p. 3578.

- « Pearl Harbor », in *La minute de vérité* (diffusion 7 décembre 2011).

- « Pearl Harbor Raid, 7 Decembre 1941 », in *Naval History and Heritage Command*, consulté le 18 août 2014. http://www.history.navy.mil/index.html

- SMITH (Carl), *Pearl Harbor 1941. The Day of Infamy*, Londres, Praeger, 2004.

- THEOBALD (Robert), *Le Secret de Pearl Harbor*, Paris, Payot, 1955.

- TOLAND (John), *Infamy : Pearl Harbor and its Aftermath*, New York, Doubleday, 1982.

- WOHLSTETTER (Roberta), *Pearl Harbor. Warning and Decision*, California, Stanford University Press, 1962.

SOURCES COMPLÉMENTAIRES

- ABBAD (Fabrice), *Histoire du Japon (1868-1945)*, Paris, Armand Colin, 1992.

- ANTIER (Jean-Jacques), *Pearl Harbor*, Paris, Presses de la Cité, 1988.

- ASADA (Sadao), *From Mahan to Pearl Harbor : The Imperial Japanese Navy and the United States*, Annapolis, Naval Institute Press, 2006.

- BERNSTEIN (Serge), MILZA (Pierre), *Histoire du XXᵉ siècle. 1900-1945. La fin du « monde européen »*, t. I, Paris, Hatier, 1996.

- COHEN (Stan), *Attack on Pearl Harbor. A Pictorical History*, Montana, Missoula, 2001.

- IENAGA (Saburo), *The Pacific War 1931-1945*, New York, Pantheon Books, 1978.

- IRIYE (Akira), *Power and Culture. The Japanese-American War, 1941-1945*, Cambridge, Harvard University Press, 1981.

- LACROIX (Jean-Michel), *Histoire des États-Unis*, Paris, PUF, 2006.

- LORD (Walter) et ULLMANN (Bernard), *Pearl Harbour. Ce jour-là (7 décembre 1941)*, Paris, Robert Laffont, 2001.

- « Remembering Pearl Harbor », in *National Geographic Education*. http://education.nationalgeographic.com/education/multimedia/interactive/pearl-harbor/?ar_a=1

- TROGOFF (Jean), *Les grandes dates de la guerre sur mer (1939-1945)*, Éditions Ouest-France, 1993.

- TURTLEDOVE (Harry), *Days of Infamy*, New York, New American Library, 2005.

- VALLAUD (Pierre), *Témoins de l'histoire. La Seconde Guerre mondiale. Plus de 500 documents inédits*, Paris, Éditions Acropole, 2002.

- VICTOR (George), *The Pearl Harbor Myth : Rethinking the Unthinkable*, Washington, Potomac Books, 2006.

- VIDALENC (Jean), *Le second conflit mondial (mai 1939-mai 1945)*, Paris, SEDES, 1970.

- WILLMOTT (H. P.), *La Guerre du Pacifique, 1941-1945*, Paris, Autrement, 2001.

FILMS

- *Tant qu'il y aura des hommes*, film de Fred Zinnemann, avec Burt Lancaster, Mothomery Clift et Deborah Kerr, États-Unis, 1953.

- *Tora! Tora! Tora!*, film de Richard Fleischer, avec Martin Balsam, Sô Yamamura et Jason Robards, États-Unis et Japon, 1970.

- *1941*, film de Steven Spielberg, avec Dan Aykroyd, Ned Beatty et John Belushi, États-Unis, 1979.

- *Nimitz, retour vers l'enfer*, film de Don Taylor, avec Kirk Douglas, Martin Sheen et Katharine Ross, États-Unis, 1980.

- *Pearl Harbor*, film de Michael Bay, avec Ben Affleck, Josh Hartnett et Kate Beckinsale, États-Unis, 2001.

MUSÉE ET BÂTIMENT COMMÉMORATIF

- Le Pacific Aviation Museum Pearl Harbor, Honolulu, Oahu.

- L'USS Arizona Memorial, Pearl Harbor, Hawaï.

50MINUTES.fr

L'éditeur veille à la fiabilité des informations publiées, lesquelles ne pourraient toutefois engager sa responsabilité.

© 50MINUTES, 2014. Tous droits réservés.
Pas de reproduction sans autorisation préalable.
50MINUTES est une marque déposée.

www.50minutes.fr

ISBN ebook : 978-2-8062-5420-7
ISBN papier : 978-2-8062-5601-0
Dépôt légal : D/2014/12603/25
Photo de couverture : *Attaque japonaise à Pearl Harbor, le 7 décembre 1941*. Photo de Reuters.
Domaine public.

Conception numérique : Primento,
le partenaire numérique des éditeurs